"C'è solo un modo per uccidere il capitalismo con tasse, tasse ed ancora tasse"

(Karl Marx)

"Più grande è la fetta presa dallo Stato, più piccola sarà la torta a disposizione di tutti"

(Margaret Hilda Thatcher)

"Nessuno è patriottico quando c'è da pagare le tasse"

(George Orwell)

Dr.ssa Jacqueline Facconti

Quoque a mortuo tributum exigere

Quando il pagare i tributi genera esternalità positive per l'intera collettività!

Premessa e ringraziamenti dell'autrice-praticante.

Questo elaborato che propongo al pubblico è stato redatto in occasione del periodo di praticantato espletato presso l'U.O Tributi del Comune di Sarzana (SP) e vuole essere un *output* utile a dimostrazione che il *Curriculum Vitae* non si valorizza solo ed esclusivamente sui banchi di scuola ma con tanta esperienza concreta "su campo" e con l'ausilio di persone che, con il proprio bagaglio professionale e le proprie competenze, trasferiscono al discepolo un insegnamento utile ai fini accademici e ai fini carrieristici. È con questo mio *libellum* che tenterò di fondere le nozioni squisitamente teoriche con la prassi e con il "toccare con mano" le vicende gestionali che imperano e coinvolgono l'apparato comunale. Prima di iniziare questa poderosa avventura intendo ringraziare personalmente la Dirigente dei Servizi Interni del Comune di Sarzana, Dottoressa Franca Zanella, per avermi concesso di espletare questo periodo formativo-professionalizzante; inoltre voglio ulteriormente ringraziare il personale che gravita intorno al nucleo produttivo comunale incaricato ai servizi tributari: Francesco Spinetti, Carla Zanardi, Daniela Dolesi, Elisabetta Moriconi, Stefania

Cupido, Valentina Chiavacci, Ambra Ferrari. A tutti un grande ringraziamento!

Indice:

Cap 1: La prospettiva economico-aziendale: un'utile chiave interpretativa per chi vuole essere un bravo manager pubblico. Pg. 11

Cap 2: le funzioni dell'ente comunale. Pg. 17

Cap 3: la riforma del management pubblico. Pg. 21

Cap 4: reperire risorse finanziarie, le entrate ed il problema dei tributi locali alla luce del percorso riformistico e delle scelte politiche. Pg. 61

Cap 5: il federalismo fiscale. Pg. 67

Cap 6: gli Enti locali creano davvero valore pubblico per il cittadino-contribuente? Pg. 91

Note biografiche dell'autrice. Pg. 103

Capitolo primo: la prospettiva economico-aziendale, un'utile chiave interpretativa per chi vuole essere un bravo manager pubblico.

Lo studio delle Pubbliche Amministrazioni deve essere affrontato in una chiave interpretativa di stampo manageriale: ogni singola azienda pubblica deve essere considerata come un'azienda con delle sue peculiarità ovvero organismi socio-economici viventi, un insieme di individui che si organizzano per generare valore da destinare al pieno soddisfacimento dei bisogni umani. Ogni organismo esercita a servizio dell'uomo in modo coordinato ed ininterrotto tutte le funzioni economiche: produzione, consumo, risparmio, investimento ed innovazione. Nell'accezione di azienda, la risorsa umana viene ad assumere un ruolo assolutamente primario e rilevante, sono proprio le persone che formano l'organico aziendale a dare vita, intelligenza, strategie, capacità, organizzazione, regole, cultura e valori all'unità produttiva. L'organismo socio-economico risente però inevitabilmente dei limiti e degli errori di chi li pone in essere, lo guida, lo amministra, vi opera e dovrebbe garantirne lo sviluppo nel tempo. Ogni azienda si qualifica per essere un organismo socio-economico che in quanto tale è:

- aperto,
- autonomo,
- dinamico,
- permanente,
- responsabile,
- unico,
- unitario.

La funzionalità duratura dell'organismo aziendale è condizionata dalla sua capacità di operare nel rispetto del vincolo dell'economicità complessiva gestionale. Tale vincolo per le aziende pubbliche non è da confondere con l'equilibrio formale dei valori di bilancio e si sostanzia nel rispetto del principio economico ed etico della generazione, diffusione e riconoscimento di valore, ovvero nel contemporaneo raggiungimento di livelli adeguati di efficienza, efficacia, economicità ed eticità nel dare risposta a bisogni individuali e collettivi. Quando la situazione di antieconomicità persiste fino a divenire patologica, l'azienda perde i suoi caratteri costitutivi ed è destinata a vedere compromessa la sua funzionalità fino a perire definitivamente. Un'azienda sopravvive se viene mantenuta in vita artificialmente grazie a massicce e continue immissioni di risorse finanziarie per lo più provenienti dal prelievo fiscale e giustificate con necessità di mantenere i livelli occupazionali correnti. Ma l'azienda muore se non crea valore: questo si sostanzia nelle utilità che la stessa è capace di aggiungere attraverso il processo di produzione e di erogazione dei servizi. Il valore generato deve essere proposto dalla stessa unità produttiva alla comunità per soddisfare i bisogni della quale è stata costituita e deve essere riconosciuto ovvero valutato positivamente da quella stessa comunità. Solo in tale caso la comunità economica e civile di riferimento sarà disposta a dare consenso all'azienda e a trasferirle in modo volontario le risorse finanziarie indispensabili al suo funzionamento ed al suo immediatamente ricercare le modalità più efficaci e rapide per ricostruirlo. Tali considerazioni valgono anche per quelle aziende come lo Stato considerate imperiture e che finanziano largamente le loro produzioni attraverso **l'imposizione fiscale**. La Storia *Magistra Vitae* ci insegna che i cittadini si rifiutano di onorare i tributi quando lo Stato non è più considerato capace di fornire una risposta adeguata ai bisogni pubblici avvertiti come prevalenti. Ne deriva che non esiste alcuna contraddizione tra il perseguimento delle finalità di pubblico interesse (peraltro cangianti nel tempo) che tutte le aziende pubbliche devono perseguire e l'essere azienda ovvero operare secondo i principi, gli schemi di ragionamento ed utilizzando gli strumenti propri dell'Economia Aziendale. Auspicare che le amministrazioni pubbliche si comportino come aziende private non contrasta i criteri di socialità e di equità ai quali si dovrebbe ispirare il loro *routinario* funzionamento. L'economica socialità complessiva del sistema pubblico non si deve conseguire meramente ragionando ed intervenendo solo sui saldi di finanza pubblica ma pure e soprattutto attraverso la combinazione di economicità di gestione delle singole amministrazioni pubbliche il cui conseguimento è vincolato dal ricorso agli schemi di ragionamento ed ali strumenti delle discipline economico-aziendali. Per tali ragioni è fondamentale studiare il funzionamento economico delle amministrazioni pubblico e le relazioni d'interdipendenza organizzative, gestionali, economiche e finanziarie che dinamicamente si istituiscono e si sviluppano nelle aziende pubbliche e tra le stesse ed altre aziende.

L'amministrazione pubblica considerata come azienda è un organismo economico dotato di due anime, una politica ed una "amministrativatecnocrate" che si fondono in un continuo *loop*: le scelte effettuate dai rappresentanti politici eletti, la loro traduzione in operazioni gestionali poste in essere dall'apparato amministrativo ed il controllo dei risultati effettivamente conseguiti sono momenti di un unico ed unitario processo e non possono essere considerati isolatamente se non per ragioni didattiche o esplicative. Il processo politico e quello tecnico-amministrativo in senso stretto devono essere considerati come un *continuum*. La *mission* istituzionale delle amministrazioni pubbliche, l'orientamento strategico di fondo che ne ispira l'operare, la strategia governativa compete agli organi politici, a loro tocca stabilire "cosa il governo vuole fare", a loro spetta scegliere una politica d'inasprimento fiscale, di incremento degli investimenti, di privatizzazione dei servizi, di sostegno finanziario a settori produttivi o zone geografiche. La missione degli enti pubblici può essere influenzata parzialmente dagli apparati esecutivi. Si deve considerare che l'elettore, in un contesto democratico come l'Italia, sceglie tra i diversi candidati quelli che gli sembrano meglio adatti a tutelare e promuovere certi valori, interessi e domande piuttosto che altri. Ne consegue che il successo di un candidato eletto cioè la rielezione o il progresso nella carriera litica dovrebbe dipendere dalla capacità dimostrata da questi nel tenere fede a mandato affidatogli compenetrandosi in tale modo gli interessi individuali del singolo con quelli collettivi della comunità amministrata. All'estremo opposto del processo manageriale delle pubbliche istituzioni è possibile individuare un'area esecutiva non meno vasta ed importante della precedente in cui le responsabilità, le influenze ed i compiti degli uomini politici dovrebbero essere molto limitati. Detto questo esiste un'area molto variegata nel concreto dipanarsi delle attività degli Enti locali che dovrebbe caratterizzarsi per una vasta e leale collaborazione tra politici e dirigenti dato che le decisioni che hanno un impatto politico devono essere tradotte in atti e programmi concreti. In fin dei conti in un contesto come quello attuale la cui mancata coordinazione tra il momento politico e quello gestionale radicato nell'atavica cultura formalistica e burocratica ("*c'è chi pensa e c'è chi fa*) non risponde più alle esigenze di enti pubblici che si devono comportare come aziende private.

Capitolo secondo: le funzioni dell'ente comunale.

L'articolo 13 del TUEL definisce le funzioni che spettano all'ente comunale e questo articolo deve essere letto "in matrimonio" con l'articolo 3 comma 5 del TUEL. Per quanto concerne l'esercizio diretto delle funzioni comunali, l'articolo 13 del TUEL incentra la sua disciplina su settori quali:

- **I servizi alla persona ed alla comunità** (e, proprio su questi servizi, mi concentrerò sostanzialmente in quanto oggetto di studio di codesto progetto formativo),
- **Assetto ed utilizzazione del territorio**,
- **Sviluppo economico**.

Quest'elencazione non è tassativa ma, solo esemplificativa e l'articolo succitato non elenca dettagliatamente le singole competenze e funzioni spettanti al Comune per una precisa scelta da parte del legislatore che ha prediletto definire la competenza dei Comuni in via residuale. Il Comune è definibile come ente a competenza amministrativa generale: quest'impostazione è stata confermata e potenziata dalla riforma costituzionale (articolo 118) il quale sancisce che le funzioni amministrative siano attribuite in primo luogo ai Comuni e che solo quando occorra assicurare un esercizio unitario di queste funzioni a livelli territoriali di maggiori dimensioni possono essere conferite (lungo la linea di progressione di "sussidiarietà verticale") a Province, Città metropolitane, Regioni e Stato). La legge statale e regionale avrà il compito di conferire agli enti locali ulteriori funzioni amministrative, individuandole in forma "dinamica" ed assegnandole a seconda dell'adeguatezza degli enti, ovvero della loro capacità, per dimensione, organizzazione, risorse, a gestire le funzioni amministrative in modo corretto ed efficace. Il Comune, come previsto dall'articolo 14 del testo unico gestisce alcuni servizi di competenza statale che da sempre caratterizzano l'azione amministrativa locale, quali i servizi demografici. Il Comune cura per conto dello Stato i seguenti servizi quali: elettorale, anagrafico, stato civile, statistica, leva militare. Ai sensi dell'articolo 14, terzo comma, è possibile affidare alla gestione comunale ulteriori servizi definiti dai singoli provvedimenti legislativi. Lo Stato può assegnare ai Comuni ulteriori servizi, solo a patto che attribuisca loro le necessarie risorse finanziarie. L'Organo a cui è demandato il compito di gestire le funzioni indicate al primo comma nel Sindaco che le esercita quale Ufficiale del Governo. Il Sindaco disimpegna questi compiti mediante delega ai funzionari preposti ai servizi demografici. L'articolo

19 del D.l 95/2012 convertito in legge 135/2012 ha ridefinito le funzioni fondamentali dei Comuni, ovvero, quelle connesse con l'esistenza dell'ente comunale:

- Organizzazione generale dell'amministrazione, gestione finanziaria, contabile e di controllo,
- Organizzazione dei servizi pubblici d'interesse generale d'ambito comunale compresi i servizi di trasporto pubblico comunale,
- Catasto ad eccezione delle funzioni mantenute dallo Stato,
- Pianificazione urbanistica ed edilizia in ambito comunale nonché la partecipazione alla pianificazione territoriale di livello sovra-comunale,
- Attività di pianificazione di protezione civile e di coordinamento ei primi soccorsi,
- Organizzazione e gestione dei servizi di raccolta, avvio, smaltimento e recupero dei rifiuti urbani e la riscossione dei tributi,
- Progettazione e gestione del sistema locale, dei servizi sociali ed erogazione delle prestazioni ai cittadini,
- Edilizia scolastica per la parte non attribuita alla competenza delle Province,

organizzazione e gestione dei servizi scolastici,
- Polizia municipale e Polizia amministrativa locale,
- Tenuta dei registri di stato civile e di popolazione e compiti in materia di servizi anagrafici nonché in materia di servizi elettorali e statistici, nell'esercizio delle funzioni di competenza statale.

Capitolo terzo: la riforma del management pubblico.

"The citizens should be passed from being in line to being on-line"

(Rik Daems)[1]

"Sei tu il cambiamento che vuoi vedere nel mondo!"

(Gandhi)

In questo capitolo esaminiamo il percorso delle riforme culturali, scientifiche, tecniche, economiche, giuridiche che hanno condotto verso l'aziendalizzazione degli enti locali.

Interpretiamo come detto nel primo capitolo l'azienda pubblica come un organismo economico,

---

[1] Nel novembre 2001 si è svolta a Bruxelles una conferenza europea sul tema dell'*E-government*, il Ministro belga Rik Dams ha affermato che l'obiettivo dell'*E-governement* è quello di far passare i cittadini *"from being in line to being on-line"* ovvero "dall'essere in coda all'essere on-line".

dinamico, durevole nel tempo che impiega i fattori produttivi capitale e lavoro per produrre beni economici e servizi idonei al soddisfacimento di bisogni umani e per creare valore (economico o sociale o culturale o ambientale o territoriale).

Le aziende possono essere pubbliche e private con riferimento al loro soggetto giuridico e a quello economico; possono essere for profit e no profit con riferimento alla finalità di natura lucrativa e non; possono essere di produzione e di erogazione a seconda che abbiano per oggetto la produzione di beni e servizi o la gestione del consumo. Gli enti locali sono aziende pubbliche territoriali; sono aziende no profit; sono aziende composte. In tutte le aziende s'individuano le funzioni di gestione, organizzazione e rilevazione amministrativa. Come pure in tutte le aziende, le risorse impiegate si distinguono in tre specie: umane, finanziarie e strumentali. I risultati ottenuti sono: beni o servizi o altro (documenti, pratiche amministrative, certificazioni, ecc.)

Le aziende pubbliche e private differiscono per i seguenti elementi:

- il soggetto,

- la gestione, per quanto riguarda le modalità di acquisizione delle risorse; i processi di trasformazione; le fattispecie di risultati ottenuti; il mercato; i vincoli (finanziari, tariffari, di continuità e diffusione del servizio),

- il sistema di contabilità e bilancio,

- il sistema dei controlli,

- l'organizzazione,

- le finalità: lucrative per le aziende for profit; di sviluppo economico e sociale della collettività amministrata e del territorio per le aziende non profit.

L'aziendalizzazione degli enti locali è una teoria di amministrazione pubblica locale che si propone di applicare nei sistemi di gestione, di organizzazione, di contabilità, di programmazione e dei controlli degli enti locali i principi teorici scientifici e le tecniche applicati nelle aziende, essendo le aziende pubbliche territoriali una particolare fattispecie di aziende, precisamente appartenenti al settore no-profit.

Il principio fondamentale dell'aziendalizzazione degli enti locali è l'economicità, ovvero il principio economico del minimo mezzo, per cui tendenzialmente si ottimizza il rapporto fra il valore economico del risultato ottenuto e quello delle risorse impiegate con riferimento al medesimo periodo, oggetto d'attività e unità organizzativa.

Il principio di economicità non è prerogativa esclusiva delle imprese (delle aziende for profit); non è collegato soltanto al conseguimento del profitto; esso si impone in tutte le aziende (pubbliche e private, con fine lucrativo o non) a motivo della limitatezza e scarsità delle risorse disponibili rispetto alle finalità aziendali e della necessità di impiegarle nel modo più conveniente.

In altre parole, il tendenziale aumento nel tempo della domanda di beni e servizi pubblici che la collettività amministrata rivolge all'ente pubblico territoriale non è accompagnata da una corrispondente crescita delle risorse disponibili. Esiste quindi una frizione fra la domanda e l'offerta di beni e servizi pubblici.

I principi fondamentali di una buona gestione (di azienda pubblica o privata) sono: produttività, economicità, efficienza, efficacia, socialità, sostenibilità ambientale, equilibrio. Osservando tali principi si migliora il raggiungimento della *mission* aziendale, delle finalità strategiche aziendali, degli obiettivi di programma e di budget, poiché si impiegano nel modo più conveniente le risorse a disposizione.

In questo capitolo, ripercorriamo il processo di aziendalizzazione degli enti locali attraverso l'analisi ed il commento economico-aziendale di tutte le leggi che, a decorrere dal 1990 ad oggi, hanno tracciato il percorso di riforma degli enti locali verso l'autonomia e verso l'interpretazione aziendale delle loro funzioni di organizzazione, di gestione, di rilevazione amministrativa, di programmazione, dei processi decisionali e dei controlli. Ci proponiamo un acculturamento economico-aziendale, mediante la formulazione dei principi teorici, scientifici, economico-aziendali e contabili che si vogliono porre a fondamento dell'amministrazione del moderno ente locale.

Il tema dell'aziendalizzazione dell'ente locale sarà svolto per tematiche relative alle funzioni aziendali e per ordine cronologico a decorrere dal 1990, al fine di delineare il percorso di riforma culturale, giuridica ed economica, che ha riconosciuto negli enti locali anche una dimensione economico-aziendale. Il percorso dell'aziendalizzazione degli enti locali è iniziato dal 1990. In quell'anno sono state pubblicate due leggi: la L. n.142/1990 sull'ordinamento degli enti locali e la L. n. 241/1990 recante "Norme in materia di procedimento amministrativo e di diritto di accesso ai documenti amministrativi" che hanno avviato una riforma fondamentale nella storia moderna delle amministrazioni locali.

Perché la riforma degli enti locali inizia dal 1990? La motivazione storica di quella riforma nel 1990 si inquadra nel complesso di provvedimenti preparatori alla firma del Trattato di Maastricht del 1992. L'Italia doveva assestare i propri conti pubblici, anche attraverso il miglioramento dell'economicità, dell'efficienza, dell'efficacia della gestione degli enti locali. Infatti, i disavanzi di bilancio degli enti locali sono poi ripianati a carico del bilancio dello Stato mediante trasferimenti finanziari del Fondo ordinario per gli enti locali. Quindi, le economie di spesa e il contenimento dei disavanzi dei bilanci pubblici consentono la diminuzione dell'indebitamento pubblico e, per tale via, il miglioramento del rapporto deficit pubblico e PIL, già fissato dal Trattato di Maastricht nella misura del 3%.

In una dimensione amministrativa, rileviamo che la *ratio legis* fondamentale di tutte le leggi e i decreti di riforma degli enti locali è stata rivolta verso il riconoscimento di una maggiore autonomia amministrativa. In una dimensione economico-aziendale, tutto il complesso di norme di riforma degli enti locali in questo recente periodo è stato rivolto a migliorare l'economicità, l'efficienza, l'efficacia della gestione, a razionalizzare l'organizzazione, a modificare ed ampliare le rilevazioni amministrative e contabili a supporto delle nuove funzioni di programmazione e di controllo gestionale assegnate ai dirigenti pubblici.

Cosa hanno in comune le aziende private e quelle pubbliche? In esse sono diversi: la *mission*, l'amministrazione, i risultati, le modalità di acquisizione delle risorse, il regime di mercato. Esse hanno in comune il principio di economicità, secondo il quale l'utilizzo delle risorse per ottenere i risultati deve avvenire in modo da massimizzare la creazione di valore economico sociale.

Questa evoluzione del modello amministrativo significa che i soggetti dell'azione amministrativa non devono curare solo la corretta applicazione delle leggi e dei regolamenti, in altre parole, non soltanto l'aspetto giuridico formale degli atti amministrativi. Essi devono considerare anche gli effetti che le decisioni e le azioni dell'amministrazione comportano sulla gestione, sulle performance di produttività, economicità, efficienza, efficacia, sulla qualità dei risultati, sulla loro adeguatezza e coerenza rispetto ai bisogni sociali della collettività amministrata nel periodo di tempo considerato nel programma.

Quindi, si deve porre attenzione alle dimensioni sostanziali di natura economica, sociale e ambientale della gestione.

Al livello politico dell'amministrazione locale compete la definizione dell'indirizzo strategico fondamentale (la *mission* aziendale, le finalità e le vie strategiche delle varie funzioni aziendali); mentre al livello tecnico-gestionale della dirigenza competono le scelte di programmazione degli obiettivi, delle azioni, delle modalità, dei tempi di realizzazione dell'indirizzo politico strategico fondamentale.

E' nella fase di programmazione, di *budgeting* e di attuazione della gestione che s impongono i principi economico-aziendali di produttività, economicità, efficienza ed efficacia.

La trasformazione dell'amministrazione pubblica (a tutti i livelli, anche se in questa sede ci riferiamo a quella locale) dal modello burocratico legittimistico a quello manageriale comporta l'implementazione delle funzioni caratterizzanti il management, che sono: 1) programmazione economica e finanziaria; 2) alta direzione e coordinamento generale di tutte le attività aziendali; 3) controllo di gestione sulla realizzazione degli obiettivi di programma e sui livelli di performance gestionale.

Pertanto, l'amministrazione aziendale si qualifica manageriale quando sono implementate le funzioni di programmazione, alta direzione e controllo di gestione.

La programmazione è una funzione e un processo aziendale. Essa s'inserisce in una "filiera" logica costituita da varie fasi elementari che, seppur consequenziali, sono però coordinate tra loro, anche con interventi di retroazione, in un unico sistema:

- raccolta d'informazioni sull'ambiente esterno in tutti gli aspetti che interessano le decisioni aziendali,

- raccolta d'informazioni sulla struttura aziendale; sulla composizione quali-quantitativa delle risorse umane, finanziarie, materiali e tecnologiche a disposizione e sulle loro possibili variazioni,

- definizione della strategia aziendale e delle finalità strategiche,

- pianificazione strategica di lungo periodo e descrizione delle sue finalità,

-programmazione e *budgeting* di breve periodo e definizione di obiettivi quantitativi,

- attività operativa,

- rilevazione dei dati consuntivi,

- *budgetary control*,

- rilevazione degli scostamenti totali fra dati di *budget* e dati consuntivi,

- analisi degli scostamenti per individuare quelli controllabili e non controllabili dal soggetto decisorio,

- azione correttiva di retroazione.

Se le cause sono interne e controllabili da parte del soggetto decisorio aziendale, l'azione correttiva è volta a riportare la gestione operativa sulle linee di quella programmata; se, invece, le cause sono esterne e non controllabili, l'azione correttiva è volta a ridefinire gli obiettivi di budget, poiché non sono più realisticamente raggiungibili a causa del mutamento delle condizioni ambientali.

Considerata come processo, la programmazione è un insieme coordinato di atti, adempimenti, documenti informativi preventivi, consuntivi e di controllo.

La programmazione e il controllo di gestione sono tra loro complementari e coordinati, così che costituiscono un unico sistema informativo aziendale. Il controllo di gestione ha per oggetto tutte le operazioni di gestione di esercizio; esse sono considerate in tutti i loro aspetti economici e finanziari, qualitativi e quantitativi, di tempi di programmazione e di realizzazione, al fine di verificare le performance di produttività, economicità, efficienza ed efficacia della gestione operativa e, in ultima sintesi, la coerenza tra risultati consuntivi e obiettivi programmati.

La programmazione comprende in sé anche il controllo di gestione; inversamente, il controllo di gestione non può essere attuato senza una precedente programmazione e determinazione di obiettivi.

Le tecniche per realizzare il controllo di gestione sono:

- la contabilità analitica dei costi,

- i costi standard,

- il *budgeting*,

- il sistema degli indicatori, (contabili e di bilancio, extra-contabili di produttività, di economicità, di efficienza, di efficacia, di qualità),

- il *benchmarking*,

- l'analisi dei *cash-flow*,

- il punto di equilibrio,

- la *balanced score card*.

Le riforme delle funzioni aziendali quali amministrazione, organizzazione, gestione, contabilità, programmazione, processo decisorio, controlli sono state contemporanee perché, a motivo della unitarietà del sistema aziendale (interpretato come un organismo economico vivente) le riforme su una funzione, o un sub-sistema aziendale, devono necessariamente considerare le interrelazioni con tutte le altre funzioni aziendali e con gli altri sub-sistemi aziendali.

Ecco allora che le nuove figure professionali dei dirigenti-manager nell'amministrazione pubblica richiedono necessariamente la riforma del sistema contabile e di bilancio: dalla contabilità generale finanziaria di esercizio a quella economico-patrimoniale; dal solo sistema di contabilità generale di esercizio al sistema di contabilità analitica per centri di costo.

Il sistema dei controlli deve essere ampliato da quelli di sola legittimità e regolarità contabile amministrativa ai controlli di gestione (o controlli direzionali) sino ai controlli strategici, di più recente attuazione, e alla valutazione della dirigenza.

Il sistema di organizzazione del lavoro deve assegnare ai dirigenti definiti poteri decisori e correlate responsabilità amministrative; deve essere pertanto strutturato per centri di responsabilità dirigenziale, abbandonando il vecchio modello organizzativo di tipo gerarchico.

Inoltre, il processo decisorio delle spese pubbliche dev'essere di tipo programmato, cioè inserito in un razionale processo di programmazione, e non più di tipo incrementale. In esso, le decisioni di spesa sono effettuate in coerenza ad obiettivi di programma; il focus del processo decisorio è l'obiettivo-risultato da raggiungere e non soltanto le risorse da acquisire. Secondo il metodo incrementale, le decisioni di spesa sono deliberate sulla base degli impegni assunti nell'anno precedente, proponendo variazioni in aumento o diminuzione, ma senza alcuna predeterminazione di obiettivi da raggiungere. Al contrario, secondo il metodo programmato, dapprima, si determinano gli obiettivi da raggiungere e, poi, in funzione di essi si delibera quali e quanti stanziamenti di spesa siano necessari. E' come se il focus dell'attenzione del soggetto decisorio si spostasse dall'input all'output. Dopo questa premessa teorica generale, passiamo ad esaminare il lungo, complesso e laborioso percorso di aziendalizzazione degli enti locali. Questo iter della riforma è analizzato per tematiche con riferimento alle funzioni di amministrazione, organizzazione, gestione, contabilità, programmazione, processo decisorio e controlli.

Il **management pubblico** è il complesso delle funzioni e dei processi per governare, programmare, dirigere e controllare un ente pubblico.

Le funzioni qualificanti il management sono la programmazione, l'alta direzione e il controllo di gestione (o controllo direzionale).

Peraltro, la figura professionale di manager richiede e presuppone non solo specifiche e aggiornate competenze tecnico-professionali aziendali, ma anche buone attitudini di leadership (capacità di essere capo e di essere riconosciuto, di fatto, come un capo e una guida).

La **leadership**[2] richiede varie capacità nei comportamenti relazionali, in particolare di:

- selezionare validi collaboratori,

- motivare i collaboratori,

- coinvolgere i collaboratori al raggiungimento degli obiettivi proposti,

- valorizzare le competenze e le attitudini dei collaboratori,

- guidare e coordinare il lavoro del suo gruppo,

---

[2] Sulla *leadership* si veda " *Scritti in onore al XXII Bando Master Comunicazione, Impresa, Banca ed Assicurazione*" di Jacqueline Facconti, Youcanprint, 2015. Vedere pag. 169 e seguenti.

- realizzare un processo decisorio di tipo partecipativo (compartecipazione decisionale) e non di tipo autoritario,

- comunicare con chiarezza,

- saper ascoltare,

- dare esempio d'impegno nel lavoro,

- correttezza, senza abuso di potere,

- obiettività ed imparzialità,

- creare un clima collaborativo e non competitivo nell'ambiente di lavoro,

- stimolare il sentimento di appartenenza ad un gruppo,

- essere autorevole e non autoritario,

- essere propenso all'innovazione, al cambiamento, ai progressi e non conservatore in modo preconcetto,

- avere attitudine al *problem solving*,

- tendere a livelli di eccellenza.

Infine, il **buon manager** è caratterizzato anche da alcuni comportamenti virtuosi:

- l'onestà nello svolgimento delle sue funzioni,

- la cura dell'interesse pubblico come fosse suo proprio,

- la cultura del servizio, per cui rende conto alla cittadinanza dell'attività svolta, al contrario dell'autoreferenzialità.

Quindi, il buon andamento della gestione e il successo aziendale, sia nell'azienda privata che in quella pubblica, dipendono dalla capacità e dall'aggiornamento tecnico-professionale, dalle attitudini e qualità personali, dai comportamenti virtuosi dei dirigenti nel fronteggiare i fenomeni avversi e le crisi, nel trarre vantaggi dalle condizioni e dalle opportunità favorevoli, nel sapere gestire i cambiamenti e le complessità in cui si trovano ad operare. Il manager pubblico non è completamente diverso o estraneo a quello privato, ma ne condivide la cultura e le competenze aziendali. La specificità del management pubblico risiede nei particolari vincoli operativi che riguardano l'organizzazione del lavoro, i finanziamenti, i sistemi contabili, i regimi di mercato dei servizi pubblici locali, le politiche tariffarie, la delimitazione dei bacini d'utenza, i modelli contrattuali di diritto pubblico.

Le **funzioni del Comune**[3] sono l'insieme delle potestà pubbliche conferite all'ente locale per il perseguimento degli interessi pubblici di cui è esponente.

Il quadro normativo di riferimento è **l'art. 118 della Costituzione** - novellato dalla L. Cost. n. 3/2001 e dall'art. 7 della L. n. 131/2003 (Legge La Loggia) - e gli art. 3 e 13 del D.Lgs. n.267/2000 (TUEL).

L'art. 118 Cost., comma. 1 - come modificato dalla L. Cost. n. 3/2001 - attribuisce la titolarità generale

---

[3] Per un ulteriore approfondimento si veda precedente capitolo dedicato all'argomento oggetto di studio.

delle funzioni amministrative ai Comuni e - in via subordinata - ne prevede il conferimento a Province, Città metropolitane, Regioni e Stato.

Questa prioritaria titolarità delle funzioni amministrative ai Comuni si collega al principio di sussidiarietà, per cui le funzioni amministrative devono essere svolte dall'ente più vicino al cittadino, com'è il Comune. Il principio di sussidiarietà è stato introdotto dal Trattato di Maastricht del 1992, poi è stato recepito nel nostro ordinamento giuridico dal D.Lgs. n.59/1997; successivamente la L. Cost. n. 3/2001 ha riconosciuto rilevanza costituzionale al principio di sussidiarietà ed inoltre ha introdotto i principi di adeguatezza e differenziazione.

Per il principio di adeguatezza, le funzioni devono essere attribuite ad amministrazioni idonee a garantirne l'esercizio. Per il principio di differenziazione, l'allocazione delle funzioni deve considerare le caratteristiche demografiche, territoriali, strutturali degli enti.

I suddetti principi sono richiamati anche nella legge (La Loggia) *"Disposizioni per l'adeguamento dell'ordinamento della Repubblica alla L. Cost. n.3/2001"* (Legge n.131/2003, art.7). Devono essere attuate da Province, Comunità Montane, Regione e Stato soltanto le funzioni di cui occorre assicurare l'unitarietà di esercizio, avendo riguardo al buon andamento, all'efficienza, all'efficacia dell'azione amministrativa, a motivi economici, ad esigenze di programmazione e di omogeneità territoriale. Tutte le altre funzioni amministrative spettano ai Comuni che le esercitano in forma singola o associata.

Il principio della sussidiarietà orizzontale (art. 118 Cost., c.4 e L. Cost. n. 3/2001) consente a tutti gli enti territoriali di avvalersi – nell'esercizio delle proprie funzioni – della collaborazione di soggetti privati. Questo principio, pur essendo adottato da lungo tempo dagli enti territoriali, è stato istituzionalizzato solo con la riforma costituzionale.

La sussidiarietà orizzontale è ribadita anche dalla L. n.131/2003 (Legge La Loggia) all'art. 7. L'art. 13 del

TUEL assegna al Comune tutte le funzioni amministrative che riguardano la popolazione ed il territorio comunale, precipuamente nei settori organici dei servizi alla persona e alla comunità, nell'assetto e utilizzazione del territorio e nello sviluppo economico, salvo quanto non sia espressamente attribuito ad altri soggetti dalla legge statale o regionale, secondo le rispettive competenze. Il combinato disposto degli art. 3 e 13, del TUEL definisce le funzioni proprie e quelle conferite.

Le **funzioni proprie identificano il Comune quale ente esponenziale della collettività amministrata in un determinato territorio e in un certo periodo**. Queste funzioni amministrative non sono attribuite in modo esplicito ad altri soggetti dalla legge statale e regionale; esse riguardano l'amministrazione e l'utilizzazione del territorio, i servizi sociali e la politica economica del Comune. Le funzioni conferite identificano quelle di competenza dello Stato o della Regione che sono delegate ai Comuni (art. 14 TUEL) con legge statale o regionale.

Per quanto concerne i **principi di buona amministrazione pubblica locale** la L. n. 142/1990 ha dato l'avvio alle riforme delle autonomie locali, riconoscendo autonomia statutaria ai Comuni e alle Province e potestà regolamentare.

Il principio amministrativo dell'autonomia locale riconosce il diritto e la capacità effettiva per le collettività locali di regolamentare ed amministrare una parte importante di affari pubblici, nell'ambito della legge, sotto la loro responsabilità ed a favore della popolazione. Sottolineiamo che l'autonomia amministrativa e la distinzione dei compiti fra politici e dirigenti sono i presupposti dell'aziendalizzazione. La L. n.241/1990 (modificata e integrata dalla L. n. 340/2000) detta i principi generali del procedimento amministrativo. Esso è formato dall'insieme di una pluralità di atti, aventi diversa natura e funzione, compiuti da vari soggetti od organi, rivolti però ad un unico fine di produrre determinati effetti giuridici.

Prima della L. n. 241/1990 non vi era una disciplina generale del procedimento amministrativo; potevano verificarsi abusi di potere, ma senz'altro lentezze, inefficienze, difficoltà di comunicazione fra cittadini e pubblica amministrazione. I principi fondamentali della legge 241 sono:

- il principio del giusto procedimento, per cui si riconosce agli interessati il diritto alla partecipazione,

- il principio di trasparenza, per cui i cittadini hanno diritto di accesso ai documenti di un procedimento amministrativo in cui sono interessati; la Pubblica Amministrazione ha l'obbligo di indicare l'ufficio e il dipendente responsabile dell'atto; ha l'obbligo di motivare la conclusione dell'atto,

- il principio di semplificazione, che introduce alcuni istituti volti a snellire e accelerare l'attività amministrativa (come il silenzio- assenso, la denuncia in luogo di autorizzazione, ecc.),

- il principio di buona amministrazione comprende e presuppone:

- i principi gestionali di economicità, efficienza, pubblicità dei risultati,
- il divieto di aggravamento del procedimento con atti non necessari e defatiganti,
- l'obbligo di conclusione esplicita del procedimento, con adozione di un provvedimento finale,
- l'obbligo di concludere il procedimento entro il termine fissato e, se non fissato, entro 30 giorni,
- l'obbligo generale di motivazione del provvedimento amministrativo che comprende chiarezza e legalità.

Queste importanti norme di riforma riequilibrano i rapporti fra cittadino e amministrazione pubblica: si riconosce al cittadino il diritto al giusto procedimento; si obbliga l'amministrazione pubblica alla trasparenza nella sua attività, alla chiarezza, alla motivazione esplicita dei suoi provvedimenti.

La semplificazione dell'attività amministrativa ne diminuisce i costi, quindi migliora l'economicità; abbrevia i tempi di conclusione dei procedimenti amministrativi e, di conseguenza, migliora l'efficienza nel parametro dei tempi di realizzazione dei risultati.

La riforma è stata "rivoluzionaria": il cittadino ha il diritto ad un procedimento amministrativo giusto, chiaro e trasparente; la pubblica amministrazione ha l'obbligo di motivarlo e perfezionarlo entro la scadenza fissata. Sono assegnati diritti e doveri ad entrambe le parti, abbattendo il muro di incomunicabilità che – ante riforma – esisteva fra cittadini e apparato dell'amministrazione pubblica e che impediva la trasparenza dell'attività e il diritto all'informativa dell'utente, nell'ambito di un rapporto di "sudditanza" dei cittadini verso l'amministrazione pubblica.

E veniamo alla **riforma del "pubblico impiego"** ed alla sua "privatizzazione": fino agli anni novanta del secolo scorso, la natura giuridica pubblica del rapporto di lavoro dipendente con gli enti pubblici non economici non era stata mai messa in discussione. Con il D.Lgs. n.29/1993 (recante "*Norme in materia di razionalizzazione dell'organizzazione dell'amministrazione e revisione della disciplina del pubblico impiego*" modificato dal D.Lgs. n.80/1998 e oggi recepito nel D.Lgs. n. 165/2001, T.U. de pubblico impiego) è iniziato il c.d. processo di "privatizzazione" del rapporto di lavoro di dipendente pubblico.

Esso ha stabilito che i rapporti di lavoro dei dipendenti della pubblica amministrazione siano disciplinati dal Capo I, Titolo II, Libro V, del Cod. Civ. e dalle leggi sui rapporti di lavoro dipendente delle imprese. Quindi da allora, il rapporto di lavoro dipendente con gli enti locali viene assoggettato al diritto privato, seppur con un certo carattere di "specialità". Questa è stata una "rivoluzione" culturale oltre che giuridica. Il pubblico impiego, che era tradizionalmente disciplinato da una normativa autonoma e separata rispetto al lavoro privato, è stato assoggettato quasi integralmente alle disposizioni del Codice Civile, dello Statuto dei lavoratori e della legislazione speciale.

Evidenziamo la rilevanza economico-aziendale di questa riforma: le spese per il personale sono le più rilevanti tra le spese correnti in tutti i bilanci pubblici. Ogni volta che il legislatore si è proposto di disciplinare e risanare la gestione finanziaria degli enti locali, ha dettato norme per il contenimento delle spese per il personale, per la disciplina delle assunzioni (o in alcuni periodi il blocco), per la ridefinizione della struttura organizzativa, per la riorganizzazione degli uffici e dei servizi secondo criteri di efficienza e di economicità.

Una riforma della disciplina giuridica del pubblico impiego ha notevoli riflessi sull'efficienza dell'organizzazione, sulla gestione finanziaria dell'ente locale, sul contenimento delle spese correnti, di cui tanta parte sono le spese per il personale, sugli equilibri economici e finanziari della gestione di esercizio.

Il dipendente pubblico era inserito stabilmente in un determinato posto di lavoro ed era "inamovibile"; poi, per il principio organizzativo contrattuale della mobilità, può essere spostato ad altro servizio, o ufficio, o anche ad altra azienda, o ente pubblico (mobilità interna ed esterna) a seconda della necessità di lavoro dell'ente.

Tra le tante finalità della normativa sul rapporto di pubblico impiego e sulla organizzazione degli uffici, evidenziamo per la loro valenza economico aziendale: la più marcata distinzione fra indirizzo politico degli organi di governo e potere gestionale delle dirigenze; la riformulazione dei principi di efficienza per la riorganizzazione degli uffici; l'attribuzione di un'ampia autonomia di gestione ai dirigenti; l'estensione al settore pubblico della legislazione privatistica in materia di forme di impiego flessibili; il mutamento di mansioni e mobilità.

Il D.Lgs. n.387/1998 ha introdotto particolari novità: tra esse citiamo la durata a tempo determinato degli incarichi dirigenziali e il collocamento in disponibilità. Crolla il mito della stabilità, dell'inamovibilità, della continuità del rapporto di pubblico impiego.

La L. n. 145/2002 ha riformato la dirigenza statale, ma è applicabile anche a livello locale. Una novità, fra le altre, è l'ARAN, l'agenzia per la rappresentanza negoziale della Pubblica Amministrazione, con personalità di diritto pubblico, per la negoziazione dei C.C.N.L.

La politica delle assunzioni persegue l'obiettivo fondamentale di ridurre le spese per il personale (vedasi art. 91, c. 1 e 2, del TUEL) mediante:

1) un programma triennale del fabbisogno di personale, con il quale si valuta la consistenza

quali-quantitativa dell'organico per verificarne l'adeguatezza e programmarne la gestione;,

2) tipologie contrattuali di lavoro flessibile.

Relativamente alla **Dirigenza pubblica** con la L. n. 142/1990, art.51, i dirigenti sono riconosciuti non solo come figura di qualifica funzionale nel lavoro dipendente locale, ma come figura professionale dotata di una propria delimitata autonomia di decisioni gestionali, titolare di funzioni a rilevanza esterna, ovvero della competenza diretta alla manifestazione all'esterno della volontà dell'ente.

La Legge 142/1990 realizza una chiara distinzione fra le competenze del livello politico dell'amministrazione e quelle del livello tecnico-gestionale, assegnate a due distinti apparati - l'uno politico e l'altro dirigenziale – e garantiti dalla non interferenza nelle loro attività, seppur legati da rapporti di collaborazione e di negoziazione.

Il TUEL completa questo processo evolutivo: l'art. 107 dispone che spettano ai dirigenti la direzione degli uffici e dei servizi; la gestione amministrativa, finanziaria e tecnica; l'autonomia di potere di spesa, di organizzazione delle risorse e di controllo. Spettano, inoltre, ai dirigenti tutti i compiti che impegnano l'amministrazione verso l'esterno e non sono per legge o per statuto assegnati agli organi di governo, al segretario o al direttore generale e l'attuazione degli obiettivi dei programmi definiti con gli atti d'indirizzo del governo locale.

In conseguenza, i dirigenti sono direttamente responsabili, in via esclusiva, dell'efficienza e dei risultati sulla gestione - in relazione agli obiettivi programmati - e della correttezza amministrativa. L'incarico dirigenziale può essere attribuito a prescindere dalle precedenti funzioni, assunte a seguito del concorso.

Cade il cosiddetto *ius ad officium* ("incardinamento fisso ad un posto di lavoro dirigenziale"). L'art. 109 del TUEL consente il conferimento degli incarichi dirigenziali a tempo determinato, secondo criteri di competenza professionale, in relazione agli obiettivi indicati nel programma amministrativo.

La revoca può avvenire in caso d'inosservanza delle direttive del programma, o di mancato raggiungimento degli obiettivi del PEG[4] entro il

---

[4] Il **Piano esecutivo di gestione** è stato introdotto dall'articolo 11 del Decreto Legislativo 77/1995 e ripreso dall'articolo 169 del TUEL; esso è il completamento del sistema di programmazione degli enti locali, in cui si affianca a strumenti di pianificazione strategica (parte generale della Relazione previsionale e programmatica) e di programmazione (parte di relazione programmatica che individua la spesa pluriennale per programmi, bilancio pluriennale e bilancio preventivo annuale). Il PEG è una fattispecie di *budget* in cui vengono esplicitati gli

termine dell'esercizio, o per responsabilità gravi o reiterate. L'art. 107 del TUEL prevede l'elencazione indicativa e non tassativa dei compiti dirigenziali.

Tra questi sottolineiamo: gli atti di gestione finanziaria dell'entrate e delle spese compresa l'assunzione di impegni (già assegnata ai dirigenti dal D.Lgs. n. 77/1995); gli atti di amministrazione e gestione del personale (come la verifica e

obiettivi, le risorse e le responsabilità di gestione. Il PEG introduce nell'ente locale la logica *budgetaria*, ovvero il principio in base al quale la definizione di obiettivi, programmi e direttive deve essere accompagnata dalla quantificazione e dall'assegnazione delle risorse ai responsabili di gestione. Il PEG è uno strumento interno con funzioni di *budgeting* avente finalità di:
- delimitazione degli ambiti decisionali,
- guida per la gestione,
- responsabilizzazione e guida per il controllo,
- autorizzazione alla spesa.

Il PEG è uno strumento fondamentale ai fini della direzione per obiettivi: ogni dirigente compartecipa ad individuare quantificare i suoi obiettivi specifici. Gli obiettivi individuati saranno valutati e contrattati con le altre autorità decisionali e, al termine della gestione, costituiranno la base di valutazione dell'operato del dirigente stesso. Con il PEG si viene creare un nesso diretto tra gli obiettivi assegnati ai responsabili dei servizi e le risorse stanziate per il raggiungimento dei medesimi. Il documento è funzionale al sistema di definizione degli obiettivi operativi da attribuire ai responsabili dei servizi e non solo alla contabilità finanziaria. Si realizza il definitivo superamento del modello burocratico di amministrazione: il soggetto responsabile del servizio è chiamato a partecipare direttamente al processo di formazione degli obiettivi. La direzione per obiettivi si fonda sul principio di assegnazione di potere decisionale e sul controllo dei risultati, sulla contrattazione partecipata e dinamica degli obiettivi e delle risorse. Io strumento chiamato ad individuare ed assegnare gli obiettivi e le risorse è proprio il PEG; esso attribuisce responsabilità, dotazioni e obiettivi a ciascun soggetto decisorio e stabilisce le responsabilità, dotazioni e obiettivi a ciascun soggetto decisorio e stabilisce le modalità di relazione tra politici e dirigenti, riservando ai primi il compito di definire i centri decisionali e di responsabilità ed ai secondi il compito di gestire in autonomia, nei limiti delle risorse e degli obiettivi assegnati al centro. Si veda per ulteriori dettagli: *"Economia delle aziende e delle amministrazioni pubbliche"*, M. Mulazzani, Cedam, 2006.

l'organizzazione del lavoro, l'assegnazione del personale alle funzioni, l'individuazione del responsabile di procedimento, il conferimento e la revoca di incarichi di posizioni organizzative, la determinazione del carico di lavoro, la riqualificazione del personale, il trattamento economico accessorio, le funzioni disciplinari, la partecipazione alla contrattazione decentrata); la stipulazione di contratti; la responsabilità sulle procedure d'appalto e di concorso; i provvedimenti di autorizzazione, concessione e analoghi.

La Legge n.142/2002 "*delega di funzioni dirigenziali*" prevede che i dirigenti possano delegare alcune delle loro competenze, per specifiche e comprovate ragioni e per periodi determinati, ai dipendenti che coprono le posizioni più elevate negli uffici ad essi affidati.

L'art. 110 del TUEL prevede gli incarichi dirigenziali a contratto, per cui gli enti locali possono stipulare contratti a termine con soggetti di qualificata professionalità, anche al di fuori della dotazione organica.

Il caso più rilevante riguarda il *city-manager* (art. 108, TUEL). Il potere decisionale e la responsabilizzazione assegnati ai dirigenti devono coincidere, ovvero la responsabilità deve corrispondere all'area di potere decisionale, non può essere più ampia, nè più ristretta, nè diversa. Infatti, il dirigente non può ritenersi responsabile di risultati e valori gestionali derivanti da decisioni prese da altri soggetti.

La responsabilità dirigenziale ha varie dimensioni:

- penale, derivante da violazione dell'ordinamento giuridico penale,

- disciplinare, per inosservanza dei doveri di lavoro dipendente,

- patrimoniale, che si distingue in:

- responsabilità amministrativa per danni verso l'amministrazione pubblica,
- responsabilità civile per danni verso terzi,
- responsabilità contabile di rendiconto e rendimento del conto;

- gestionale, o manageriale, che ha per oggetto le performance gestionali.

La responsabilità gestionale ha varie dimensioni:

- programmatoria, per cui il dirigente è compartecipe nella definizione degli obiettivi di programma,

- finanziaria, di rispetto del limite massimo di spesa autorizzato in bilancio,

- economica, di svolgimento dell'attività sostenendo un livello di costo non superiore al valore programmato nel budget,

- di risultato coerente con gli obiettivi programmati secondo parametri di quantità, di qualità del risultato, di tempi di realizzazione.

La professionalità del dirigente e la sua attività sono valutate in base ai risultati raggiunti e ai livelli di performance gestionale di produttività, economicità, efficienza, efficacia.

Inoltre, la sua retribuzione è correlata ai risultati, poiché comprende anche elementi stipendiali accessori, correlati alla produttività individuale e collettiva. Egli può essere rimosso dall'incarico, se i risultati non sono soddisfacenti; oppure, confermato, se i risultati sono in linea con gli obiettivi di programma e di PEG; infine, se dimostra buone attitudini e capacità dirigenziali, può ricevere altro incarico di maggiore impegno professionale e meglio retribuito.

Quindi, la responsabilità dirigenziale s'inquadra nelle funzioni manageriali:

- la funzione manageriale di programmazione è essenzialmente predeterminazione di obiettivi,

- il soggetto che decide gli obiettivi è responsabile del loro raggiungimento,

- la configurazione del dirigente-manager comporta la titolarità di potere decisionale circa la determinazione degli obiettivi e le azioni per il loro raggiungimento; in parallelo, comporta l'assegnazione di responsabilità dirigenziale di risultato, nelle sue varie dimensioni economiche, finanziarie, di quantità, di qualità, di tempi di realizzazione.

In coerenza alla riforma del modello di amministrazione da burocratico a manageriale anche il sistema contabile si deve adeguare[5].

Il tradizionale sistema di contabilità finanziaria e di bilancio preventivo finanziario è insufficiente a supportare il dirigente-manager nelle sue funzioni di programmazione e di controllo di gestione.

---

[5] SI veda della stessa autrice Jacqueline Facconti il progetto di ricerca presentato a settembre 2015 *"Il Public Organization Reengineering: una carta vincente per riorientare gli Enti Locali verso il Total Qualty Management ed il Kaizen"*, Youcanprint, ottobre 2015.

Il bilancio preventivo finanziario di competenza misto ha significato "autorizzatorio": risponde a finalità di assegnazione del potere decisionale di bilancio al soggetto politico, mentre i dirigenti hanno solo il compito di eseguire le autorizzazioni di entrata e di spesa di bilancio. Questo significato e queste finalità sono importanti e devono essere conservate; ma ora si palesano insufficienti.

Vi è la necessità di un sistema di contabilità generale d'esercizio di tipo economico-patrimoniale, che rilevi anche l'aspetto economico delle operazioni di gestione – costi e proventi di competenza economica dell'esercizio – e i valori degli elementi attivi e passivi del patrimonio netto.

Il sistema di contabilità generale economico-patrimoniale può essere parallelo oppure integrato con quello finanziario. Inoltre, la rilevazione degli aspetti economici della gestione si deve avvalere anche di un sistema di contabilità analitica per centri di costo. La determinazione dei costi di produzione dei servizi è necessaria per predisporre *budget* economici, che hanno per oggetto valori di costo di produzione. I centri di costo sono correlati ai budget economici, questi ultimi sono correlati ai centri di responsabilità dirigenziale.

Anche le riforme contabili s'inseriscono sulla via dell'aziendalizzazione degli enti locali, perché considerare l'ente locale come azienda significa volere raggiungere nella sua gestione buoni livelli di economicità, efficienza, efficacia; pertanto il sistema contabile deve fornire informazioni idonee a valutare l'economicità e le performance di efficacia e di efficienza gestionale. Quindi le informazioni contabili devono essere non solo finanziarie ma anche economiche. Il sistema contabile deve essere informato non solo da norme tecniche di rilevazione, ma anche da principi contabili generali e specifici. Si è formata una cultura aziendale che richiede, anche nelle aziende pubbliche, la statuizione di postulati di bilancio: annualità, unità, universalità, equilibrio, pubblicità; e di principi contabili: verità, completezza, competenza, costanza dei metodi, comparabilità, chiarezza, validità informativa, trasparenza, semplificazione, dimostrazione della concordanza tra valori finanziari e valori economici.

Capitolo quarto: reperire risorse finanziarie, le entrate ed il problema dei tributi locali alla luce del percorso riformistico e delle scelte politiche.

La nuova ripartizione delle competenze fra lo Stato e gli altri Enti territoriali (che costituiscono la Repubblica), introdotta dalla riforma operata con la legge costituzionale 18 ottobre 2001, n. 3 (Modifiche al titolo V della parte seconda della Costituzione), ha sostituito le precedenti regolamentazioni sulla materia; l'attuale regolamentazione è contenuta **nell'art. 119 della Costituzione** con il quale è riconosciuta **un'autonomia finanziaria agli Enti territoriali (Regioni, Province, Comuni, Città metropolitane)**. L'articolo in questione ovvero l'art. 119 della Costituzione riconosce quindi **ai Comuni autonomia finanziaria, questa si articola in autonomia di entrata e di spesa**. Con **autonomia di entrata** s'intende il potere di definire le fonti di finanziamento degli Enti locali. Con **autonomia di spesa** il potere:

• di determinare le spese da sostenere,

- di definire la parte di entrate da destinare alla copertura delle spese,

- di effettuare materialmente le spese.

In particolare l'art. 119 (comma 1) della Carta Costituzionale sancisce che"*I Comuni, le Province, le Città metropolitane e le Regioni hanno autonomia finanziaria di entrata e di spesa, nel rispetto dell'equilibrio dei relativi bilanci, e concorrono ad assicurare l'osservanza dei vincoli economici e finanziari derivanti dall'ordinamento dell'Unione europea*". In questo modo si sancisce un principio generale fondamentale (che deriva dal recepimento nazionale dei principi contenuti nel Trattato di stabilità fiscale (anche *fiscal compact*) che ha definito le linee guida della politica finanziaria dei Paesi appartenenti all'area euro), quello del pareggio di bilancio. L'articolo 119 della Costituzione (comma 2, 3 e 4) procede a definire le entrate degli enti pubblici.

"*I Comuni, le Province, le Città metropolitane e le Regioni hanno risorse autonome. Stabiliscono e applicano tributi ed entrate propri, in armonia con la Costituzione e secondo i principi di coordinamento della finanza pubblica e del sistema tributario. Dispongono di compartecipazioni al gettito di tributi erariali riferibile al loro territorio. La legge dello Stato istituisce un fondo perequativo, senza vincoli di destinazione, per i territori con minore capacità fiscale per abitante"*.

Al comma 5 del succitato art. 119 Costituzione leggiamo: *"Le risorse derivanti dalle fonti di cui ai commi precedenti consentono ai Comuni, alle Province, alle Città metropolitane e alle Regioni di finanziare integralmente le funzioni pubbliche loro attribuite"*.

Si fissa in questo modo il **principio di necessaria corrispondenza** tra le entrate e le spese in sede locale.

Per promuovere lo sviluppo economico, la coesione e la solidarietà sociale, per rimuovere gli squilibri economici e sociali, per favorire l'effettivo esercizio dei diritti della persona, o per provvedere a scopi diversi dal normale esercizio delle loro funzioni, lo Stato destina <u>risorse aggiuntive</u> ed effettua interventi speciali in favore di determinati Comuni, Province, Città metropolitane e Regioni. I Comuni, le Province, le Città metropolitane e le Regioni hanno un proprio patrimonio, attribuito secondo i principi generali determinati dalla legge dello Stato e si può ricorrere all'indebitamento solo per finanziare spese d'investimento, con la contestuale definizione dei piani di ammortamento e a condizione che per il complesso degli Enti di ciascuna Regione sia rispettato l'equilibrio di bilancio; è esclusa ogni garanzia dello Stato sui prestiti dagli stessi contratti.

Le entrate dei Comuni sulla base della Costituzione possono quindi essere suddivise in:

• tributi (derivati o devoluti),

• entrate proprie (entrate non tributarie),

• compartecipazioni al gettito di tributi erariali, riferibili al loro territorio,

• altri trasferimenti statali (fondo perequativo, risorse aggiuntive).

Per quanto concerne le **entrate non tributarie** si tratta, in via generale, di tutte quelle che non rientrano nella disciplina dei tributi e non sono, quindi, soggette alla riserva di legge relativa di cui all'art. 23 della Costituzione. Sono:

• canoni e proventi per l'uso e il godimento dei beni comunali;

• i corrispettivi e le tariffe per la fornitura dei beni o per le prestazioni di servizi;

- altri proventi la cui titolarità spetta al Comune.

I **tributi** sono prestazioni patrimoniali imposte, istituite in base alla legge (in quanto soggette alla riserva di legge di tipo relativo stabilita dall'art. 23 della Cost.), finalizzate al concorso alle spese pubbliche (*ex* art. 53 della Cost.) e dovute sulla base di un presupposto di natura economica (reddito, patrimonio, consumo, investimento, richiesta di un servizio). Si articolano in: imposte, tasse e contributi.

I tributi possono, quindi, essere istituiti soltanto da una legge; **i Comuni non sono dotati di potere legislativo non possono istituire tributi, ma possono soltanto integrare la disciplina di tributi istituiti da Enti dotati di potere legislativo** (tributi propri derivati) ovvero lo Stato, le Regioni a Statuto ordinario e Speciale, le Province autonome di Trento e Bolzano. I tributi sono comunque soggetti ad una riserva di legge di tipo relativo e la legge non deve, quindi, regolare interamente la disciplina del tributo, ma soltanto definirne gli elementi essenziali quali:

- il presupposto,

- i soggetti passivi,

- la base imponibile.

L'assetto di rapporti, nel quale a ciascun Ente è riconosciuta **autonomia finanziaria** entro i limiti necessari a mantenere l'unitarietà dell'ordinamento e la solidarietà tra le articolazioni territoriali della Repubblica, si riassume tradizionalmente nella disciplina del "**federalismo fiscale**". Il federalismo è una formula che identifica l'organizzazione verticale dei rapporti tra lo Stato e gli Enti territoriali fondata su autonomia (di governo del territorio) e responsabilità finanziaria delle scelte (autonomia di entrata e di spesa): una corretta organizzazione dei rapporti tra gli Enti all'interno dello Stato comporta l'attribuzione di poteri (normativi/amministrativi) e il riconoscimento di una autonomia di entrata e di spesa. Detto questo si può asserire che la disciplina dei tributi dei Comuni dipende, quindi, principalmente dalla disciplina generale in materia di federalismo fiscale che ogni Stato decide di attuare. Per tale motivo è necessario effettuare una breve analisi sulla disciplina nazionale in materia di federalismo fiscale.

Capitolo sesto: il federalismo fiscale.

Il termine **federalismo fiscale** indica la disciplina dei rapporti finanziari tra lo Stato e gli Enti territoriali minori (Regioni, Province, Comuni) improntata al:

• riconoscimento di poteri di autogoverno e decentramento,

• autonomia di entrata e di spesa,

• responsabilità delle scelte locali,

• possibilità di perseguire un autonomo indirizzo politico.

Nell'ambito dell'autonomia di entrata e di spesa, che caratterizza ogni disciplina federale il potere di istituire tributi propri costituisce una declinazione dell'autonomia di entrata. I **tributi propri** sono istituiti e regolati dall'Ente, che ne acquisisce il gettito. I **tributi propri derivati** sono istituiti da altro Ente (Stato – Regione) e attivati nel territorio dell'Ente. Quest'ultimo ne può completare la disciplina. I **tributi devoluti** sono istituiti e regolati da altro Ente (Stato – Regione), ma il gettito è trasferito all'Ente territoriale, in quanto i presupposti sono riferibili al suo territorio.

Tradizionalmente si riconoscono **due modelli generali di federalismo**: si tratta di modelli teorici, in rapporto ai quali si possono sviluppare diverse ipotesi concrete di federalismo (ispirate o tendenti verso un modello o l'altro), con spazi più o meno ampi di autonomia.

Si tratta del:

1. **federalismo cooperativo,**
2. **federalismo competitivo.**

Per quanto concerne il **<u>federalismo competitivo</u>** cerchiamo di sintetizzare i punti "nodali":

- ampia autonomia finanziaria agli Enti territoriali minori,

- finanza neutrale rispetto ad obiettivi economici e sociali dello Stato (no perequazione, redistribuzione o garanzia delle prestazioni sociali),

- assenza di vincoli e di principi di coordinamento dello Stato,

- possibile competizione fiscale tra gli Enti territoriali,

- efficienza della gestione del territorio.

Per quanto riguarda i punti focali e peculiari del **federalismo cooperativo**:

- l'autonomia è riconosciuta dallo Stato all'interno di un disegno unitario di coesione e di collaborazione, volto al perseguimento di obiettivi politici e sociali,

- permette di attuare una finanza funzionale ad obiettivi condivisi (redistribuzione, perequazione, garanzia delle prestazioni sociali),

- gli spazi di autonomia sono definiti e contenuti,

- sono presenti principi di coordinamento dello Stato,

- prevede una finanza derivata, espressione della politica solidale (compartecipazioni, trasferimenti, fondi perequativi).

In Italia la **disciplina del federalismo fiscale** ha avuto due importanti fasi storiche:

1. impostazione centralistica (dalla Costituzione repubblicana agli anni' 90 del secolo scorso),
2. Impostazione autonomista che si è avviata alla fine del secolo scorso ed è stata attuata con la riforma del titolo V della Costituzione.

Per quanto concerne la prima fase storica, quella denominata impostazione centralistica, essa si è conclamata negli anni '70 del secolo scorso (dopo un primo periodo in cui erano state effettuate scelte intermedie tra una impostazione più autonomista ed una più centralizzata) con la riforma. In tale sede:

- il potere d'introdurre tributi è stato accentrato in capo allo Stato,

- si sono soppressi molti tributi locali,

- la possibilità d'introdurre tributi in capo alle Regioni è stata ridotta,

- le entrate territoriali sono state circoscritte a trasferimenti statali (finanza derivata).

Tuttavia tale politica in esame ha registrato molti problemi, quali:

- aumento del debito pubblico;

- crisi finanziaria dello Stato;

- deficit degli Enti locali;

- totale disallineamento tra entrate e spese.

Da queste debolezze si afferma una necessaria svolta riformistica in senso federale, al fine d'introdurre una disciplina degli Enti territoriali minori che riesca a coniugare:

• il riconoscimento di maggiori spazi di autonomia,

• l'affermazione del binomio autonomia-responsabilità,

• la possibilità di perseguire obiettivi territoriali, nell'ambito di un disegno di sviluppo complessivo ed unitario dello Stato.

Si attua così una **riforma del federalismo fiscale**, effettuata "a tappe" (nell'arco di circa dieci anni), i cui momenti più importanti sono stati:

• la riforma del titolo V della Costituzione (L. cost. n. 3/2001),

• l'attività di ausilio tecnico / interpretativo compiuta dalla Corte Costituzionale,

• la legge delega 5.5.2009, n. 42 (legge-delega),

• i decreti delegati che hanno completato l'iter normativo.

La disciplina attuale del federalismo fiscale è l'esito di questo percorso normativo le cui fonti legislative più rilevanti possono essere di seguito enucleate:

• Art. 114 Cost. che sancisce la pari ordinazione di Stato, Regioni, Province, Comuni e Città metropolitane nell'ordinamento giuridico generale,

- Art. 117 Cost. che sancisce il riparto della funzione legislativa tra Stato e Regioni,

- Art.118 Cost. che definisce i principi generali sull'esercizio dei poteri amministrativi,

- Art.119 Cost. che sancisce i principi in materia di potestà impositiva degli Enti territoriali minori.

Allo stato attuale il federalismo attuato con la riforma è di tipo cooperativo e fondato sul coordinamento i cui caratteri essenziali possono essere di seguito sintetizzati:

- sono riconosciuti analoghi spazi di autonomia tributaria a tutti gli Enti territoriali di uguale specie (Regioni a Statuto ordinario, Regioni a Statuto speciale, Comuni, Province),

- tali spazi di autonomia sono molto ridotti nell'estensione,

- **lo Stato esercita un'attività di coordinamento in ordine all'esercizio della potestà tributaria (stabilendo importanti principi di coordinamento),**

- si persegue un indirizzo politico unitario stabilito dallo Stato,

- è prevista una finanza derivata,

- si attua la perequazione,
- si sancisce la garanzia delle prestazioni sociali.

Relativamente all'autonomia tributaria degli Enti territoriali, **le Regioni a Statuto ordinario** possono:

- completare la disciplina dei tributi propri derivati (istituiti dallo Stato), di cui ne acquisiscono il gettito,
- istituire tributi propri nel rispetto dei principi generali di coordinamento.

I tributi propri sono istituiti e regolati interamente dalla Regione la quale ne acquisisce anche il gettito. I principi generali di coordinamento sono:

- il divieto di doppia imposizione di presupposti già tassati dallo Stato,
- il principio di territorialità (possono essere presi in esame solo presupposti che sono situati sul territorio della Regione),
- principio di continenza (continenza dell'interesse espresso nel presupposto in una delle materie comprese nell'elenco di quelle attribuite alla competenza della Regione).

Le Regioni a Statuto speciale possono istituire tributi propri *"in armonia con i principi generali del* *sistema tributario dello Stato*" (come affermato dalla sentenza n. 102/2008). Essendo i principi generali del sistema dello Stato quelli della legislazione tributaria statale, possono essere istituiti soltanto tributi che siano **coerenti dal punto di vista formale e sostanziale con i tributi dello Stato** (possono anche utilizzare gli stessi presupposti, ma devono avere un'affinità di modello ed utilizzare una stessa disciplina procedimentale).

E veniamo ai **Comuni:**

I Comuni possono soltanto regolare o attivare tributi propri derivati istituiti con la legge dello Stato (e potenzialmente anche della Regione, la quale può istituire tributi propri).

Rispetto a tali tributi, i Comuni:

- completano la disciplina con l'emanazione di regolamenti comunali,
- acquisiscono il gettito,
- regolano i procedimenti di accertamento e di riscossione,
- in alcuni casi l'attivazione è obbligatoria, in altri invece è facoltativa.

Norme specifiche sono poi previste per regolare l'autonomia tributaria degli **altri Enti territoriali**, quali:

- **Province, Città metropolitane, Roma Capitale**,

- tali Enti possono soltanto integrare discipline di tributi propri derivati, istituiti dallo Stato (o potenzialmente dalle Regioni), in quanto non sono dotati di potestà legislativa. Per quanto riguarda le entrate tributarie dei Comuni, a causa dell'iperproduzione normativa vi è la convivenza di molti tributi quali: pubbliche affissioni, Tares, Tasi, Imu, Icp, Addizionale Irpef, Tosap, Cosap, *etc.*

Secondo la disciplina attuale, i **tributi comunali** hanno ad oggetto tre tipi di presupposti:

- immobili (situati sul territorio),

- rifiuti (copertura costi dei servizi di smaltimento dei rifiuti),

- servizi (divisibili e indivisibili) resi sul territorio.

La riforma in materia di federalismo ha regolato la fiscalità Comunale venendo a prevedere le compartecipazioni ai tributi erariali sulla base dei presupposti realizzati sul territorio, la devoluzione del gettito di alcuni tributi (sempre riferibili al territorio del Comune), che sono stati destinati in via esclusiva ai Comuni (tributi devoluti), i tributi propri derivati (obbligatori e facoltativi), regolati dal D.Lgs. n. 23/2010. Su tale ultimo assetto si è più volte intervenuti. Sono previste **compartecipazioni ai tributi statali** sulla base dei presupposti riferibili al territorio del Comune (in particolare: IVA e accise, sulla base dei consumi realizzati nel Comune). I **tributi devoluti** sono relativi ai proventi fiscali degli immobili situati sul territorio del Comune (in particolare: imposta di registro e di bollo, imposte ipotecarie e catastali, IRPEF sui redditi fondiari, tributi speciali catastali e cedolare secca sugli affitti).

Per quanto concerne i tributi propri derivati, l'intera disciplina è stata riformata dal D.Lgs. n. 23/2011, ove si sono previsti **4 tributi propri derivati**.

• l'imposta municipale propria (IMU),

• l'imposta municipale secondaria (IMU secondaria),

• l'imposta di scopo,

• l'imposta di soggiorno.

L'IMU e l'IMU secondaria sono obbligatorie; mentre l'imposta di scopo e l'imposta di soggiorno sono facoltative. la legge di stabilità del 2012 ha previsto la TARES - Tributo Comunale sui rifiuti e sui servizi (art. 14, D L.6 dicembre 2011, n. 201, cd. "Decreto Monti", convertito dalla Legge n.27/2012), destinata a sostituire tutti i precedenti tributi sui rifiuti (TARSU, TIA, TIA 2). La IUC (imposta unica comunale) è la nuova imposta istituita a partire dal 1 gennaio 2014 dalla Legge di Stabilità anno 2014, a seguito del Maxiemendamento approvato dal Senato: l'"istituzione della IUC lascia salva la disciplina dell'IMU, mentre sopprime la disciplina della TARES. Rimangono salvi i tributi di soggiorno, di scopo e l'IMU secondaria del D.Lgs. n. 23/2011. La IUC è composta **da tre comparti**:

- **IMU**, componente patrimoniale dovuta dai possessori di immobili, ad esclusione delle abitazioni principali,
- **TASI**, componente relativa ai servizi indivisibili resi dai Comuni, dovuta sia dal possessore di immobili che dall'utilizzatore degli stessi,
- **TARI**, componente relativa ai servizi di raccolta dei rifiuti dovuta dall'utilizzatore di immobili.

Si basa dunque su <u>due presupposti impositivi:</u>

- il possesso di immobili (IMU),
- l'erogazione e la fruizione di servizi comunali (TARI E TASI).

L'aliquota massima complessiva dell'IMU e della TASI non può superare i limiti prefissati per la sola IMU e la base imponibile è sempre costituita dagli immobili posseduti. La IUC è un tributo che si pone come una'evoluzione dei previgenti prelievi, l'IMU (supera la prima IMU e la vecchia ICI) e la TARI (supera le previgenti TARES, TARSU, TIA 1 e TIA 2). Il quadro normativo di riferimento dell'IMU si compone del D. Lgs 14 marzo 2011, n. 23, artt. 8 e 9, (cd. "Decreto sul Federalismo Fiscale") che istituisce l'Imposta Municipale Propria, il D.L. 6 dicembre 2011, n. 201, art. 13 (cd. "Manovra Monti) che istituisce in via sperimentale dell'Imposta Municipale Propria a decorrere dall'anno 2012 sino al 2014 (a decorrere dal 2015, l'imposta è stata applicata a regime). Il D.Lgs 30 dicembre 1992, n.504 (cd. "Decreto sull'ICI"): assetto normativo dettato in materia di Imposta Comunale sugli Immobili, che costituisce quadro normativo di riferimento generale in materia di IMU. Il presupposto applicativo è il "possesso" di immobili (art. 2, D. Lgs n. 504/1992 e art. 13, comma 2. del D.L n. 201/2011) ovvero:

- i fabbricati (esclusa l'abitazione principale). Tale unità deve essere iscritta nel catasto edilizio urbano (il fabbricato di nuova costruzione è soggetto all'imposta a partire

dalla data di ultimazione dei lavori ovvero, se antecedente, dalla data in cui è comunque utilizzato),
- le aree fabbricabili: tale è l'area utilizzabile a scopo edificatorio in base agli strumenti urbanistici generali, adottati dal Comune, indipendentemente dall'approvazione della Regione e dall'adozione di strumenti attuativi del medesimo),
- terreni agricoli: tale è il terreno adibito all'esercizio di attività agricola,
- siti nel territorio dello Stato, a qualsiasi uso destinati, ivi compresi gli immobili strumentali all'attività d'impresa o professionale.

A norma dell'art. 9, comma 1, del D.Lgs n. 23/2011, sono **soggetti passivi dell'IMU**:

- il proprietario d'immobili,
- il titolare di diritto reale di usufrutto, uso, abitazione, enfiteusi, superficie sugli stessi,
- il concessionario, nel caso di concessioni di aree demaniali,
- il locatario, nel caso di locazione finanziaria.

Per quanto concerne il periodo di applicazione dell'imposta, essa può essere dovuta:

- per anno solare: a ciascun anno solare corrisponde una obbligazione tributaria autonoma,
- proporzionalmente alla quota ed ai mesi di possesso: a tal fine, il mese durante il quale il possesso si è protratto per almeno quindici giorni è computato per intero.

La **base imponibile** dell'IMU è costituita dal valore dell'immobile determinato in base alle regole già previste per l'ICI (art. 5, commi 1, 3, 5 e 6, D.Lgs n.504/1992 e art. 13, commi 4 e 5, D.L. n.201/2011) e cioè:

1. per i fabbricati iscritti in catasto: il valore è costituito da quello ottenuto applicando all'ammontare delle rendite risultanti in catasto, vigenti al 1 gennaio dell'anno d'imposizione, rivalutate del 5 per cento, i seguenti moltiplicatori:
    - 160 per i fabbricati classificati nel gruppo catastale A ("fabbricati ad uso abitativo") (escluso A/10 - "Uffici e Studi privati ") e nelle categorie catastali C/2 ("Magazzini e locali di deposito", C/6 (" Stalle, scuderie, rimesse e autorimesse" e C/7 ("Tettoie chiuse ed aperte"),

- 140 per i fabbricati classificati nella categoria catastale B (a titolo esemplificativo, collegi, caserme, case di cura, ospedali, uffici pubblici, scuole, biblioteche, ecc.),
- 80 per i fabbricati classificati nella categoria D/5 ("Istituti di credito, cambio e assicurazioni"),
- 80 per i fabbricati classificati nella categoria A/10 ("Uffici e Studi privati"),
- 60 per i fabbricati classificati nel gruppo catastale D, ("Immobili a destinazione speciale": cd. patrimonio strumentale), ad eccezione dei fabbricati iscritti nella categoria D/5 (tale moltiplicatore è elevato a 65 a decorrere dall'1 gennaio 2013),
- 55 per i fabbricati classificati nella categoria catastale C/1 ("Negozi e Botteghe"),

2. per i terreni agricoli il cui valore è costituito da quello che risulta applicando all'ammontare del reddito dominicale risultante in catasto, vigente al 1 gennaio dell'anno d'imposizione, rivalutato del 25 per cento, un moltiplicatore pari a 130;Per le aree fabbricabili: il valore è costituito dal valore venale in comune commercio avendo

riguardo alla zona territoriale di ubicazione, all'indice di edificabilità, alla destinazione d'uso consentita, agli oneri per eventuali lavori di adattamento del terreno necessari per la costruzione, ai prezzi medi rilevati sul mercato dalla vendita di aree con caratteristiche analoghe,
3. per i fabbricati classificabili nel gruppo D, non iscritti in catasto, interamente posseduti da imprese e distintamente contabilizzati: il valore è determinato applicando determinati coefficienti a ciascun anno di formazione del valore dei beni che risulta, al lordo delle quote di ammortamento, dalle scritture contabili.

Il presupposto della TARI è il possesso o la detenzione a qualsiasi titolo di locali o di aree scoperte, a qualsiasi uso adibiti, suscettibili di produrre rifiuti urbani, ad esclusione delle aree scoperte pertinenziali o accessorie non operative e le aree comuni condominiali di cui all'art 1117 c.c. non detenute o occupate in via esclusiva il cui soggetto passivo è il possessore o detentore di locali ed aree. In caso di pluralità di possessori o di detentori, essi sono tenuti in solido all'adempimento dell'unica obbligazione; mentre, in caso di detenzione temporanea non superiore a sei mesi, la

TARI è dovuta soltanto dal possessore dei locali e delle aree a titolo di proprietà, uso, usufrutto, abitazione o superficie. La TARI è corrisposta in base a TARIFFA commisurata ad anno solare coincidente con un'autonoma obbligazione tributaria. La TARIFFA è determinata in base al cd. "metodo normalizzato" secondo i criteri stabiliti dal D.P.R. n. 158/1999 (copertura dei costi relativi al servizio di smaltimento, sulla base delle spese dell'anno precedente). In alternativa, ciò tuttavia avviene nella stragrande maggioranza dei Comuni, sempre nel rispetto del principio "chi inquina paga", essa è commisurata alla quantità e qualità dei rifiuti prodotti, in relazione agli usi e alla tipologia delle attività svolte nonché al costo del servizio sui rifiuti. In ogni caso, la TARIFFA deve essere tale da assicurare la copertura integrale dei costi d'investimento e di esercizio relativi al servizio. Il tributo non è dovuto in relazione alla parte dell'immobile dove si formano rifiuti speciali, al cui smaltimento provvede a proprie spese, dandone prova, il produttore. La **superficie imponibile** ai fini della TARI varia a seconda della destinazione delle unità immobiliari, in particolare:

- per le unità a destinazione ordinaria (categorie catastali A, B, C), al momento, la superficie imponibile è quella cd.

calpestabile; successivamente, e cioè quando si sarà completato l'allineamento dei dati tra i Comuni e il Catasto, la superficie imponibile sarà pari all'80% della superficie catastale,
- per le unità a destinazione diversa da quella ordinaria (categorie catastali D ed E), la superficie imponibile sarà sempre quella cd. Calpestabile,
- per l'applicazione si considerano le superfici dichiarate o accertate ai fini dei precedenti prelievi sui rifiuti.

La **TASI** costituisce la nuova imposta comunale sui servizi ed è destinata a coprire i costi di tutti i servizi indivisibili, è dovuta da chiunque possieda o detenga, a qualsiasi TITOLO o per qualsiasi USO, fabbricati (anche prima casa) o altre aree scoperte o edificabili. La base imponibile della TASI è costituita dalla base imponibile determinata ai fini dell'IMU. Con il regolamento comunale sono definiti i servizi indivisibili che s'intendono finanziare con tale imposta e il loro costo specifico. Il Presupposto della TASI è il possesso o la detenzione a qualsiasi titolo di fabbricati, ivi compresa l'abitazione principale, di aree scoperte nonché di quelle edificabili, a qualsiasi uso adibiti, ad esclusione delle aree scoperte pertinenziali o accessorie non operative e le aree comuni condominiali di cui all'art. 1117 c.c. non detenute o occupate in via esclusiva. Il Soggetto passivo è il possessore o detentore di tali unità immobiliari; in caso di detenzione temporanea di durata non superiore a sei mesi, la TASI è dovuta dal possessore a titolo di proprietà, usufrutto, uso, abitazione o superficie. In caso di pluralità di possessori o detentori, essi sono tenuti in solido all'adempimento dell'unica obbligazione tributaria; nel caso d'immobile occupato da soggetto diverso dal titolare del diritto reale, la TASI è dovuta da entrambi: l'occupante, come da Regolamento Comunale, potrà essere chiamato a versare una quota compresa tra il 10 ed il 30 per cento dell'ammontare complessivo.

Per quanto concerne gli obblighi dichiarativi della IUC, i soggetti passivi del tributo hanno l'obbligo di presentare la dichiarazione ai fini della IUC entro il termine del 30 giugno successivo alla data d'inizio del possesso o della detenzione. La dichiarazione che deve essere redatta su apposito Modello messo a disposizione del Comune ha effetto anche per gli anni successivi semprechè non si verifichino modificazioni dei dati dichiarati da cui consegua un diverso ammontare del tributo. Ai fini della TARI, restano ferme le dichiarazioni presentate ai fini della

TARSU, della TIA o della TARES. Ai fini della TASI, restano ferme le dichiarazioni presentate ai fini dell'IMU. Relativamente gli obblighi di versamento, il versamento della IUC è effettuato tramite modello F23 ovvero tramite apposito bollettino di conto corrente postale; il versamento è effettuato in 4 rate trimestrali scadenti il 16 gennaio, il 16 aprile, il 16 luglio e il 16 ottobre. I Comuni tuttavia possono variare il numero delle rate e le scadenze ed è consentito il pagamento in unica soluzione entro il 16 giugno di ciascun anno. Per quanto concerne gli aspetti sanzionatori, in caso di omesso o insufficiente versamento della IUC, si applica la sanzione del 30 per cento dell'importo non versato. In caso di omessa presentazione della dichiarazione, si applica la sanzione dal 100 al 200 per cento del tributo non versato, con un minimo di 50 euro. In caso d'infedele dichiarazione, si applica la sanzione dal 50 al 100 per cento del tributo non versato, con un minimo di 50 euro; in caso di mancata, incompleta o infedele risposta ai questionari, entro il termine di 60gg dalla notifica dello stesso, si applica la sanzione da euro 100 fino a euro 500. Con specifico Regolamento, il Comune determina la disciplina della IUC, stabilendo:

- ai fini della TARI, i criteri per la determinazione della tariffa, la classificazione

delle categorie d'attività con omogenea potenzialità di produzione dei rifiuti, le riduzioni tariffarie, le esenzioni,
- ai fini della TASI, le riduzioni che tengano conto della capacità contributiva della famiglia, l'individuazione dei servizi indivisibili e l'indicazione analitica, per ciascun servizio, dei costi alla cui copertura la TARI è diretta.

Le tariffe della TARI e della TASI devono essere approvate entro il termine fissato per l'approvazione del Bilancio di previsione comunale.

L'imposta municipale sui servizi (anche **IMU secondaria**) è stata attivata nel 2015 (attivazione obbligatoria), sostituendo numerose imposte comunali (la tassa per l'occupazione di spazi ed aree pubbliche, il canone di occupazione di spazi ed aree pubbliche, l'imposta comunale sulle pubblicità, i diritti sulle pubbliche affissioni, il canone per l'autorizzazione all'installazione di mezzi pubblicitari). Il presupposto dell'imposta è l'occupazione dei beni, appartenenti al demanio o al patrimonio indisponibile dei Comuni, nonché degli spazi sovrastanti e sottostanti il suolo pubblico, anche ai fini pubblicitari. I soggetti passivi sono coloro che effettuano l'occupazione e l'imposta è determinata in base ai seguenti elementi: durata dell'occupazione, entità dell'occupazione (espressa in metri quadrato o lineari), fissazione di tariffe differenziate in base: alla tipologia, alle finalità dell'occupazione, alla zona del territorio comunale oggetto di occupazione, alla classe demografica del Comune.

L'imposta di scopo ha l'obiettivo di finanziare un'opera pubblica, può essere istituita dal Comune nel momento in cui si decide di realizzare tale opera ed è a carico dei soggetti che appartengono alla popolazione comunale (e che sono quindi destinati ad usufruire dell'opera). Sorge (in capo al Comune) un obbligo di restituzione dell'imposta se entro due anni, dalla data prevista dal progetto, l'opera non è stata iniziata.

L'imposta di soggiorno può essere istituita dai Comuni capoluogo di provincia, dalle unioni di comuni, dai comuni inclusi negli elenchi regionali delle località turistiche o Città d'arte con deliberazione del Consiglio Comunale. Si assoggettano a tassazione coloro che alloggiano nelle strutture recettive situate nel territorio e si applica secondo criteri di gradualità, in proporzione al prezzo, sino a 5 euro per ogni notte di soggiorno. Il gettito di tale imposta è destinato a finanziare interventi in materia di turismo (anche a sostegno delle strutture recettive), interventi di manutenzione, fruizione e recupero dei beni culturali ed ambientali locali. Per tale motivo è anch'essa un'imposta di scopo e non è prevista la restituzione dell'imposta nel caso in cui non si effettuino gli interventi programmati. I regolamenti comunali stabiliscono le modalità di applicazione di tali imposte in fattispecie, o per determinati periodi di tempo.

Capitolo sesto: gli enti locali creano davvero valore pubblico per il cittadino-contribuente?

Nei capitoli precedenti abbiamo focalizzato la discussione sulle modalità di reperimento delle risorse finanziarie che sono sempre più scarse in questo periodo di crisi e di continui "tagli" alle spese pubbliche. Come detto una quota consistente dei mezzi monetari affluisce sotto forma di tributi propri o trasferiti, ovvero attraverso forme di contribuzione coattiva: in altre parole una parte rilevante degli output degli Enti Locali non è venduta e per finanziarne la produzione si ricorre a meccanismi diversi da quelli di mercato. Mentre negli scambi di mercato, il consumatore acquista il risultato dell'attività produttiva di un'azienda pagandone il prezzo, ovvero riconoscendo alla stessa unità produttiva un corrispettivo diretto il cui importo rappresenta il valore riconosciuto, una misura delle utilità incorporate nel prodotto acquisito, **ogni singolo contribuente paga le imposte in funzione di basi imponibili ed aliquote e non in proporzione alla quantità ed alla qualità dei servizi pubblici che consuma direttamente.** Sorge il problema di misurare la creazione del valore nel settore pubblico; scopo di questo capitolo è proprio questo di sondare cosa significa creare valore e quali sono le modalità ed i criteri di valutazione delle strategie organizzative-gestionali degli Enti pubblici.

Iniziamo proprio con il definire il significato di **valore pubblico**, impresa questa non è facile perché si può associare sia al concetto di valore economico sia a quello di valore sociale. Mentre l'impresa per giustificare la propria esistenza deve rispettare una logica unitaria che, in prima approssimazione, può sintetizzarsi nella capacità di creare valore economico per i propri azionisti, clienti e lavoratori, le organizzazioni della PA devono rispondere alle logiche economiche, alle logiche politiche degli amministratori eletti, ai valori prevalenti nella società civile, ai bisogni dei cittadini e di tutti gli altri *stakeholder* con cui interagiscono. Si tratta di prospettive assai diverse tra loro, che implicano misure differenti e pongono i dirigenti pubblici in situazioni notevolmente più complesse rispetto ai dirigenti del settore privato.

Data la molteplicità di significati che si associano al processo di creazione di valore pubblico, non è possibile determinarne un paradigma univoco.

Occorre al contrario, trovare una definizione sufficientemente ampia che sia in grado di rappresentare le diverse componenti del valore, permettendo poi di declinare i modelli operativi di generazione di valore pubblico nei vari contesti.

Di qui l'elaborazione di un modello normativo capace di cogliere le complessità esistenti e di costituire un riferimento per definire le linee d'azione coerenti con le aspettative dei dirigenti pubblici.

L'evoluzione dell'ambiente nel quale operano le istituzioni della PA, richiede un profondo cambiamento anche nel ruolo del dirigente pubblico.

La capacità di amministrare correttamente un sistema di regole stabili e di agire nell'ambito di precise attribuzioni di compiti non sono più sufficienti. La logica del perseguire risultati concreti richiede maggiore autonomia nell'identificare le soluzioni possibili nell'ambito del sistema normativo, maggiore progettualità, maggiore trasversalità nell'affrontare e nel risolvere i problemi.

Secondo **Moore**[6] la definizione di *public value* non può essere di natura valoriale, perché assumerebbe connotazioni di carattere ideologico e dunque unilaterali, ma va ricondotta a un modello operativo

---

[6] Si veda per ulteriori approfondimenti Moore M. *"Creating Public Value- Strategic Management in Government"*, Harvard University Press, Cambridge, 1995.

al cui interno ogni attore possa attribuire agli oggetti il significato culturale e ideale che più ritiene opportuno. Il valore pubblico non si misura in base alla natura dell'azione pubblica, ma in base alle capacità dell'attore pubblico di essere efficace ed efficiente nel condurre le azioni pubbliche, a prescindere dal loro orientamento. Moore dimostra che il successo dell'azione pubblica dipende dalla capacità di un'organizzazione di coordinare e realizzare simultaneamente tre condizioni:

- produrre risultati oggettivamente validi per i soggetti pubblici, per i cittadini e per gli stakeholder (occorre che l'azione pubblica sia giudicata desiderabile da parte di un gruppo di destinatari),
- intraprendere iniziative sostenibili dal punto di vista organizzativo (le risorse da destinare alle politiche pubbliche devono essere adeguate agli obiettivi istituzionali),
- essere legittimata a godere di sostegno esterno (deve saper attrarre il sostegno degli attori rilevanti).

Questi tre elementi costituiscono il "triangolo strategico", da cui si desume che una politica pubblica si realizza in condizioni di efficacia ed efficienza, se l'ente che promuove è in grado di formulare strategie che tengano conto contemporaneamente e in modo coordinato dei tre obiettivi. Il normale percorso di evoluzione delle politiche pubbliche prende avvio dall'ambiente autorizzante, il quale si rinnova autonomamente e costringe le strategie pubbliche ad adeguarsi al mutato contesto, riformulandosi sulla base di nuovi stimoli provenienti dall'esterno. La sequenza non è rigida e definitiva: il tradizionale rapporto lineare fra ambiente, strategia e struttura lascia il posto ad una relazione simultanea, in cui i tre elementi tendono a influenzarsi reciprocamente e continuamente all'interno di un nuovo paradigma istituzionale. Il triangolo strategico è uno strumento valido ad orientare le strategie di intervento di un ente pubblico: come acquisire risorse, come ottenere il consenso necessario al raggiungimento dei propri scopi, come definire obiettivi proporzionati alle risorse. In questo campo, l'ente non si deve limitare a un ruolo di osservatore attento, ma passivo, di quanto avviene nella società per cercare di adeguarvisi. Nello sviluppo di una strategia per un'organizzazione pubblica, il manager deve allineare in modo coerente tutti gli elementi, realizzando così le condizioni per la produzione di valore pubblico. Le verifiche empiriche effettuate da Moore stabiliscono 3 cose:

1. l'importanza di essere propositivi,

2. la necessità di riconoscere "la gestione politica" come una funzione chiave nella gestione del settore pubblico,

3. il bisogno di modificare la nostra visione della gestione operativa per concentrare maggiormente l'attenzione sulle innovazioni di vario genere.

Se i manager hanno un obiettivo interessante che viene ampiamente sostenuto dall'ambiente politico, ma manca loro la capacità operativa per realizzarlo, la visione strategica fallirà. L'obiettivo sarà rifiutato in quanto irrealizzabile oppure il governo troverà un diverso strumento istituzionale per la sua realizzazione.

Se i manager hanno un obiettivo sostanzialmente valido, realizzabile dal punto di vista operativo e amministrativo, ma non riescono a godere del sostegno politico, anche quell'impresa fallirà, perché sarà condannata dal fabbisogno di capitale e di risorse.

Se i Manager progettano alcune attività organizzative che possono disporre del sostegno politico e sono realizzabili dal punto di vista amministrativo, ma sono prive di significato gestionale, nel lungo termine questo determinerà il fallimento della strategia, non necessariamente perché diminuirà la forza dell'organizzazione, ma semplicemente perché le sue attività saranno rovinose e qualcuno probabilmente inizierà a richiedere denaro per esse. Infine, l'aspetto ancora più grave: se i manager hanno idee valide dal punto di vista gestionale, ma non sono in grado di attrarre sostegno politico o gestirle concretamente, esse falliranno come concetti strategici. Si tratta d'idee "accademiche", nel senso peggiore del termine.

La concezione classica della pubblica amministrazione non focalizza l'attenzione dell'amministratore sulle tematiche di scopo e di valore, oppure sullo sviluppo della legittimità e del sostegno; essa invece si basa sul presupposto che la risposta a tali questioni sia stata fornita in fase di sviluppo del mandato direttivo o legislativo dell'organizzazione. Poiché tutti gli aspetti legati alle risorse, all'autorità e al valore sono già stati risolti in fase di definizione del mandato direttivo, i manager devono perseguire il compito dell'impiego delle risorse disponibili, e quindi guardare verso il basso e verso l'interno, per raggiungere gli obiettivi prefissati nel modo più efficace ed efficiente possibile. Nel fare ciò, i manager si basano sulla loro esperienza di gestione degli strumenti d'influenza amministrativa interna: progettazione organizzativa, *budgeting*, sviluppo delle risorse umane e controllo gestionale.

Se i manager guardano verso l'alto e verso l'esterno, lo fanno soprattutto per assicurarsi di operare entro obiettivi prefissati, cioè di essere responsabili in modo corretto. La ridefinizione dello scopo viene lasciata ai politici. Il mandato direttivo definisce lo scopo dell'organizzazione e al contempo crea un presupposto normativo che stabilisce la pubblica validità della sua attuazione. Il mandato fornisce anche esplicitamente le risorse, il finanziamento e l'autorità pubblica necessari al raggiungimento dello scopo, infine, autorizza i manager a impiegare tali risorse per il conseguimento di obiettivi prefissati. Al contrario, il triangolo strategico si basa sul presupposto che i manager pubblici debbano definire lo scopo e la *mission* generale dell'organizzazione. Ricorda loro anche di sviluppare idee per obiettivi validi, partendo da fonti che esulano dalla loro esperienza amministrativa. Li incoraggia ad utilizzare le tecniche di analisi per definire gli obiettivi operativi e valutare le loro prestazioni come base per la creazione di punti di vista indipendenti rispetto al valore delle loro attività precedenti o pianificate. I manager dovrebbero interagire con il sistema politico non solo attraverso lo strumento dei loro obiettivi definiti, ma anche mediante un dialogo più continuo ed interattivo.

"Il manager non può cercare di soddisfare tutti quelli che possono esercitare influenza sulla sua organizzazione. Il compito del manager è piuttosto quello di articolare e poi raggiungere scopi desiderabili, il cui supporto procurerà il denaro e le risorse materiali, l'approvazione e la cooperazione popolare, il personale e i collaboratori e l'autorità di cui l'organizzazione ha bisogno per portare a termine i propri scopi" (Heymann)

Il concetto di **amministrazione strategica nel settore pubblico** sembra elevare i dirigenti del settore dal ruolo di tecnici, che scelgono tra metodi amministrativi ben noti per realizzare obiettivi definiti altrove, al ruolo di strateghi che studiano gli ambienti politici e operativi al fine di definire opportunità per utilizzare le loro organizzazioni nella creazione di valore pubblico. Anche la loro opera amministrativa si modifica: non si tratta soltanto di assicurare la continuità ed efficienza ai compiti attuali, ma di permettere la transizione dalle prestazioni attuali a quelle future. Così come i dirigenti del settore privato, anche i dirigenti del settore pubblico vengono utilizzati per riposizionare l'organizzazione da essi gestita allo scopo di creare valore pubblico, e non semplicemente per sfruttare le risorse in vista della realizzazione di obiettivi prefissati. Un compito così ampio può presentare rischi per la gestione democratica. Può, infatti, essere pericoloso incoraggiare i manager del settore pubblico a utilizzare l'immaginazione per cercare di creare valore pubblico. Nel calibrare tale rischio però occorre tenere presente che il principale cambiamento suggerito è nei pensieri e nelle azioni dei manager, non nelle disposizioni istituzionali di cui sono responsabili. Nelle loro azioni, i manager saranno ancora legati dal processo di supervisione che attualmente li vincola e dalla rigidità delle burocrazie che cercano di gestire.

Quello che Moore propone è che i manager siano autorizzati a indagare l'ambiente con una visione orientata al valore e allo scopo, e quindi ad agire su un'opportunità rilevata, interagendo con i referenti dell'autorità politica e apportando innovazioni all'interno delle loro organizzazioni. Se riescono a trovare e a sfruttare occasioni per creare valore, è perché si guadagnano il successo nei duri ambiti istituzionali in cui si trovano, non perché il loro mondo è diventato meno esigente.

Altro aspetto in base al quale le imprese del settore

pubblico possono differenziarsi riguarda il livello al quale una strategia viene intesa come una dichiarazione di intenti pubblici anziché l'espressione degli obiettivi del singolo leader dell'organizzazione. La strategia di un'organizzazione ne definisce gli scopi e quindi indica in che modo gli importanti valori sociali in competizione tra di loro debbono essere equilibrati.

Ma chi fa queste dichiarazioni sul valore pubblico e con quale autorizzazione?

Se gli obiettivi vengono intesi come interpretazioni accurate dell'equilibrio delle forze politiche che contrastano le attività di un'organizzazione (se sono ad es. al centro delle aspirazioni dichiarate nella recente legislazione), allora si possono ritenere autorizzati dal processo politico. In questo caso, il leader dell'organizzazione si occupa semplicemente di esprimere in termini più concreti e specifici quello che la politica attuale richiede. In alternativa, questi stessi obiettivi possono essere considerati i presupposti operativi di ciò che costituisce il valore pubblico definito dai manager considerando i cittadini, i supervisori, i clienti e di beneficiari. Se i presupposti non raccolgono un particolare entusiasmo i manager devono modificare la strategia.

In conclusione misurare o valutare il valore pubblico riconosciuto è possibile? Ebbene sì, occorre però rinunciare ad un indicatore sintetico di natura contabile e respingere con forzala tentazione di considerare importante solo la soddisfazione della domanda individuale o solo la soddisfazione della domanda sociale.

NOTE BIOGRAFICHE DELL'AUTRICE:

Nata a Carrara (MS) il 25/01/1988, dopo la maturità scientifica, consegue una laurea in Economia Aziendale con votazione 110/110 con Lode, una laurea magistrale in Strategia, Management & Controllo con votazione 110/110 con Lode discutendo una tesi a carattere "sperimentale" sul *Teleworking* nel Comune di Pisa. Consegue, pure, un Master Post-Lauream di II Livello in Comunicazione, Impresa, Banca ed Assicurazione con discussione finale di un *project work* sul *"Family Business*: il caso della centenaria imperiese onegliese Fratelli Carli S.P.A".

La stessa Autrice ha partecipato e partecipa a vari progetti a livello accademico:

Presentazione Case Studies:
- "Aziende familiari di successo: il caso della PMI Emilio Mauri S.P.A ",
- "Analisi di bilancio della PMI Grondona S.P.A",
- "TEMPORARY STORE: il bello dell'effimero",
- "Strategia e politica dell'azienda greca Fage S.P.A",

Presentazione nell'ambito del MASTER CIBA dei seguenti progetti: "L'India, il gigante mondiale dei servizi", "Essere leader, il caso Drucker", "Comunicazione e Marketing in azienda", "Il ruolo vincente del team", "Il Mobbing", "Time Management".

Pubblicazione delle seguenti monografie:

- "Occhio al cliente Postmoderno: è l'ora di puntare alla qualità dei prodotti e dei servizi";
- "Organizzazione e Strategia nel Family Business: il *case study* della centenaria imperiese Fratelli Carli S.P.A";
- "Scritti in onore del XXII Bando del Master CIBA, Staff Eraclito 2000, Pisa",
- "Popolazione e famiglia: mutamenti socio-demografici interventi nel Comune di Carrara";
- "Il *Public Organization Reengineering*: una carta "vincente" per ri-orientare gli Enti locali verso il *Total Quality Management* ed il *Kaizen*;
- "Intervento pubblico in materia commerciale: la funzione amministrativa del Comune nel comparto commerciale.

Ha conseguito varie certificazioni linguistiche Trinity College Grade 5, Grade 6, BEC, Certificate IRO: Internal Auditor&Risk Assessment, Business Analysis, certificazioni informatiche quali ECDL Core, ECDL Advanced, Diritto e ICT: PEC e Firma Elettronica.

La stessa autrice ha svolto il praticantato presso U.O Statistica e toponomastica e U.O Elettorale e Leva nel Comune di Carrara (MS) e presso lo Sportello Unico dell'Attività Produttiva (SUAP). Ha espletato uno stage formativo presso l'U.O Tributi nel Comune di Sarzana (SP). Attualmente è operativa come Manager assicurativo-finanziario presso la Società di brokeraggio Accardo Insurance a Genova (GE).

In corso di stesura e di futura pubblicazione sarà un volume dedicato alle assicurazioni sugli appalti pubblici.

www.ingramcontent.com/pod-product-compliance
Lightning Source LLC
Chambersburg PA
CBHW072223170526
45158CB00002BA/716